모든 그리움은 꽃으로 핀다

이채우 시집

이채우 시집

모든 그리움은 꽃으로 핀다

Poems by Lee Chaewoo

동학시인선 131

모든 그리움은 꽃으로 핀다

지은이 · 이채우
펴낸이 · 유정융
펴낸곳 · 주식회사 동학사

1판 1쇄 · 2025년 8월 29일
출판등록 · 1987년 11월 27일 제10-149

주소 · 04083 서울 마포구 토정로53 (합정동)
전화 · 324-6130, 324-6131 | 팩스 · 324-6135
E-메일 | dhsbook@hanmail.net
홈페이지 | www.donghaksa.co.kr
　　　　　www.green-home.co.kr

ⓒ 이채우, 2025

ISBN 978-89-7190-917-1 03810

저자와의 협의에 의해 인지를 생략합니다.
잘못된 책은 바꾸어 드립니다.

■ 시인의 말

  유난히 무더운 35~6도를 오르내리는 한여름 한가운데 서서 지금까지 있어서 온 날들의 멋과 맛을 생각해 보고, 앞으로 이어져 갈 날들을 상상해 보면 너무나 가슴 벅차오른다. 이것은 지금까지의 모든 그것과 달라지기 때문이며, 또한 미래가 나에게 던지는 화두이기도 하다.
  모든 것에 있어서 길게 설명하면 진부해지거나 본래의 취지가 달라지기도 한다. 간단명료하게 표현하면 현대사회에서 어울리는 행위일 수도 있다. 이 또한 시가 주는 응축된 이미지가 바로 여기에 있기도 하다.
  오늘처럼 단어 하나가 땀으로 버무려지고, 온종일 복잡미묘한 기류를 만들 때, 결정하지 못한 생각들을 안고 바닷가에 서면 물에 발 담근 바람이 시원하게 불어온다.
  여름은 여름인가 보다!

2025년 여름날에
이채우

모든 그리움은 꽃으로 핀다 이채우 시집

- 시인의 말 5
- 작품 해설 127

1

참호 같은 마음에 별이 뜰 때 • 11
마음, 바람 부는 날 • 14
금계국꽃 너는 • 16
바람에 선 목련 • 18
콩나물 국밥집 • 20
고목 어느 날 • 22
천년을 건너온 엷은 미소 • 24
군무 • 26
아득한 눈물 • 28
숫돌에 물 흐를 때 • 30
가을배추, 화장하는 날 • 32
창포꽃이 필 때쯤 • 34
담쟁이 • 36
이팝나무 미소 • 38

2

신호등 앞에서 • 42
바람의 이유 • 44
부케 한 다발 • 46
꽃무릇 • 48
어탕 한 그릇에 • 50
까치, 설화의 아침 • 52
허공에 걸린 모과 • 54
콩 • 56
뻐꾹새 • 58
그 한철 딱새의 둥지 • 60
호숫가에 서면 • 62
정자항 • 64
서쪽으로 가는 길 • 66

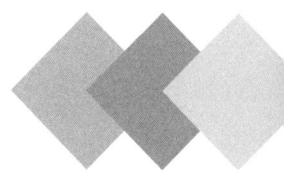

3

그 밤 마음에 보름달•70
매화꽃 서설•72
늦은 날의 민들레•74
개구리가 운다•76
제비, 먼 길의 사랑•78
폭염, 애증의 끝자락•80
양파•82
비 오는 날, 마음이 젖을 때•84
가을, 바람인 듯 노을인 듯•86
늙은 호박의 기도•88
크레인이 있는 풍경•90
동천강•92
거울 앞에서•94

4

기다림은 푸르게 오는가•98
쥐에 대한 명상•100
대숲에 서면•102
벚꽃 떠나고•104
아침 욕실에서•106
죽부인•108
장어구이•110
대파 거두며•112
낙엽•114
노란 은행잎•116
감나무 가지 끝에•118
호계장에 가서•120
바람 속으로•122

1

참호 같은 마음에 별이 뜰 때

포화 속 피투성이가 된 젊은 가슴을 안고
매서운 눈빛으로 응시하던 능선의 저쪽
아직도 아물지 않은 상흔의
굽이굽이 참호 같은 마음에 별이 뜬다

찢어진 국토의 산허리를 헤매는 우리의 마음도 찢어져
그날 얼마나 처절히 조국을 불렀던가?
산화한 전우의 영혼을 가슴으로 어루만지며 어루만지며
꽃잎도 서럽게 우는 눈물 어린 산천에
우리의 몸도 바치겠다고 어깨를 걸던 그날을 하늘은 안다
그 산천을 슬픈 눈으로 불어가던 바람도 풀 한 포기도
알 것이기에 조국은 여기에 있다.

잡힐 듯 멀어져간 이념의 전투에 아직도 회복하지 못한
우리의 땅이 저 너머에 있기에 불타는 마음으로
조국 앞에 나를 던지는 이 밤에
조명탄 같은 긴 꼬리 여운 남기는 섬광으로 살아 있다

이름이 타는 이 순간에도 잊히지 않은 그날들
아무리 외쳐보아도 변하지 않는 지난 시간
쇠잔해진 몸으로 지탱하기 어려운 시간이 와도
우리는 다시 일어서 처절한 마음을 그 산하에 바치리라

호국원 안식처에서 옛 전우들도 다시
영혼의 몸을 일으켜 포성처럼 달려갈 것이니
조국은 창대하고 영원하다
아직도 전쟁은 끝나지 않았다

들리지 않는 포성이 무엇을 의미하는지
거짓 평화의 달콤한 속삭임이 무엇을 의미하는지를
능선 능선에 꽃잎처럼 산화해 간 용사들은 안다
값진 시간이 무슨 일 뒤에 오는지를

팡파르가 산하를 진동시켜 그 울림이
오래도록 우리의 가슴을 뛰게 하는 그 시간은
내 한 몸 바친 산허리를 돌고 돌아 올 것이기에
조국은 창대하고 영원하리라.

마음, 바람 부는 날

빛바랜 계절에 노을이 설핏한 날
내 마음은 속절없이 어디론가 불어간다
흩어진 마른 풀잎 한 움큼 쥐면
나의 여름날도 한 때 거기에 있었건만
서러운 생각들이 춤을 추다 스러진 자리엔
나뭇잎이 바스락거리고
그 몇 번인가 나뭇가지 흔들리면
이름 없는 새들이 지저귀다가 날아간 빈자리에
낯선 계절의 음영만 짙어가는데

불러도 돌아보지 않는 세월의 여울목을 지나서
쓸쓸히 마음도 어디론가 흘러가야 한다면
풋풋한 그 꽃잎들이 몸부림치던 그날에도
나는 너의 이름을 부르지 말아야 했을까

바람에 실려 흘러가는 저 구름에
은방울 맺히는 순간에도
얼음보다 차가운 작별의 인사는
갈림길에 서 있을 것이기에

길은 바로 여기이고 저기인데
시든 계절 저편에 바람이 일고
흐린 시야에 낙엽 분분한 날
들녘 아득히 마음은 어디론가 불어만 간다

금계국꽃 너는

어디선가 바람의 숨결 들리고
너의 얼굴에 햇살 가득 내릴 때
네가 내 안에 들어와 노랗게 별들이 된다
가녀린 몸 흔들리며
너는 저만큼 서서 수줍게 웃으며

마음의 길 번잡하게 길어져
끝없이 펼쳐지고 넓어지면
밝은 연한 얼굴에도 순정이 번져
끝없는 언약 같은 미소를 날린다

사랑은 잊어버린 기억들마저 돋아나는 것이라
지난날 아픔 꼭꼭 가슴에 묻으며
바람결에 흔들리며 또 한 번 곱게 곱게
먼 하늘 별들을 꿈꾼다

무리를 지어 흔들리는 웃음도 바람에 지고
꽃대 스러진 가슴에 낮달이 떠도
너는 순하디순한 마음으로 저만큼 서서
다시 올 사랑을 그려본다

바람에 선 목련

얼핏얼핏 그리운 얼굴들이 스쳐 가면
하얀 모습으로 허공을 받쳐 들고
끊임없는 연정 속으로
보이지 않는 손짓으로 옛 그림자를 불러본다

잊혀 가며 녹아내린 차가운 추억들
그 현란함 속에 피어난 꽃잎은
속절없이 가슴을 열고
향기로운 마음마저 내어주면
바람은 옷깃에 와서 춘정을 흔들고 간다

온몸이 하얗게 하얗게 기다림에 멍이 들면
시린 눈길마저 바람결에 타들어 가는지
입속 가득 머금은 향기 뿜어내며 또 한 번 눈물 지운다.
가슴 아린 번민이 노을이 될 때까지

알 수 없는 겉치레 벗어 던지고
둥글게 둥글게 피어난 여린 꿈들이
그리움을 새겨가는 온정의 손길마다
바람은 순정의 속살을 흔들고 간다

콩나물 국밥집

둘러앉고 마주앉은 다정한 상념들
공복같은 하루도
설익은 이야기 익혀가며
뜨거움에 목마른 일상의 눈빛도
식탁위에 질펀히 내려 앉는다

모나고 투박한 세상사도
무 조각과 함께
도마 위에 잘게 썰리고 다듬어져서
뜨거운 국솥에서 서로 몸을 비비며
숨죽여 익어 가거늘

배고픔의 시루에서 홍건히 물을 마시고
기다림으로 때로는 부대낌으로
빽빽이 몸을 기대어 길고 가늘게
위로만 쳐올리던 콩나물의 그 소망들도

너와 나의 노곤한 일상에 뒤섞여
한 그릇 온전한 양식으로
이 허름한 공복의 식탁에 얹힌다면
그 얼마나 뜨겁고 간절한
너와 나의 향연이 아닌가

고목 어느 날

산사 옆 속 다 비운 아름드리 고목
마음마저 비우니 까칠한 껍질 속 공간
목탁 소리 내는 듯하다

바람이 가고 달이 가듯
아침이 오고 밤이 와도 나를 잊고 지냈는데
세월의 강한 날 세움에 변해버린 육신

시리도록 아픈 서글픔도 한철의 시련일지라
길손의 벗이 되어 묵묵히 말하면
모두가 나름대로 생각에 숲길을 간다

바람 소리에 귀 기울여 보아도
지나간 세월은 돌아오지 않고
바람이 일듯 알 수 없이 스쳐 가는 소리가
어느 먼 산사 나이 든 수행자 불경 외우는 소리던가

산새들 우짖는 소리 요란하기에
깊은 산 적막함 깨뜨리는 포근한 속앓이는
먼먼 젊은 날의 푸른 기상 떠올리게 하며
또 한 번 가슴 뛰는 전율은 회한이 되어
온몸으로 퍼져온다

속마저 비우며 세파에 맞서 싸운
지난날의 아픔 때문에
나이테마저 사라진 혼자만의 흔적에
삭고 삭은 마음의 껍질 위로
잔상의 흔적하나 피워본다

천년을 건너온 엷은 미소

또 하나의 석굴암
군위아미타여래삼존석굴 앞에서
나의 시간도 천년을 건너뛴다

물 만난 바람 머무르는 곳
세월이 깎여 아픔으로 흘러갔는가?
고요함만 햇살 달래다 말고
나무 그늘 저만치 밀려나 있다

두 손 모은 세월 오래되어
일렁이는 웃음소리 무슨 뜻인지 알 것도 같지만
바람 소리에 흩어지는 마음은
아직도 가늠키 어려워
무릎의 먼지 하나도 털어내지 못한 채

멀어져간 지난날 내 푸른 시간들이
눈앞을 스치지만
불어간 바람도 불어올 바람도
나를 놓아주지 않는 공막한 저 벼랑 끝에서
거룩한 그 이름 불러봅니다
사랑할 수 없는 것을 사랑할 수 있는 것인가를

산그림자 맑은 물에 씻겨 돌 속에 돌이 되어
고즈넉한 마음으로 빚어낸 긴 기다림
천년이 찰나 같은 그 미소 속에
내 마음도 한점의 고요한 석화가 될 때
그대 곁에 다가갈 것 같습니다.

군무

하늘이 넓어 막막한 저 너머
검은 점 하나둘 모여 파문을 일으키고
마음은 고요 속에 바람을 삼키며
저 공간에 불꽃처럼 흔들린다

가슴속마저 흔들어 대면
무리는 더 가벼워지기 위해 하늘을 날며
커다란 잔상 남겨졌다가
모든 점이 허공 속에 섬광으로 사라지며

하늘이 변할 때 그들도 뒤바뀌고
마음속에 들어왔다가
시야로 흘러가면
접어둔 그날도 무리를 지어
어디론가 날아간다

낡아가는 흐름을 되돌리려
제 몸을 붙들고 떠나려 하지 않아도
함께 춤추며 흘러가는 것을
바람처럼 가벼워졌다가
마음의 때마저 지워내며
아득히 먼먼 저 길 위에

아득한 눈물

재스민 향기 그윽한 그 뜰에서
꽃잎 마디마디에 내리는 눈물을 본다
마음의 아픔처럼 한철의 추억처럼
우수수 떨어지는 젊은 날의 꽃잎들

눈길 스칠 때 말 없는 표정
고요한 속정 어루만져 아픔을 만들고
그 속에 녹아내린 지난날이 엉글어
제 몸 흔들어 눈물이 된다는 것을

가까운 이별도 먼 헤어짐으로 변해
아쉬움을 앞세우며 마주친 눈빛
가슴으로 말해가며 안타까운 작별
마음이 깊게 타던 그 언저리에서
눈물은 불꽃처럼 오는가

나직이 나직이 소리 없이 내려서서
아득히 빛나는 한 방울의 침묵
저 머나먼 마음에 빗방울
이 밤 그 가슴에 지며
연정의 뿌리 시리도록 뻗어간다

숫돌에 물 흐를 때

날카로운 날이 파랗게 설 때
살의 비기를 드러내듯이
생과 사를 가르는 소리
몸이 깎이는 아픔으로 물이 흐른다

마음을 다독이고 정신을 가다듬는 순간도
뼈와 살이 서로를 붙들고 몸 비비고
무딘 금속의 날이 손끝을 파고들며 마찰할 때도
아픔이 녹아나는 기도는 계속된다

녹슨 시간의 표피들이 얇은 물때로 흐르면서
때 묻지 않은 생살마저 깎이는 아픔
일심으로 누른 몸은 조용히 침묵하지만
예리함은 속으로 더 빛을 낸다

물기 어린 눈자위에 잔잔한 파문을 일으키고
흘러내리는 물이 흐려질수록
마모의 상처는 깊어지지만
깎고 깎는 아픔만큼 번득이는 내면의 비장함
오래된 세월이 물에 녹아 날이 선다

가을배추, 화장하는 날

에메랄드빛 둥근 몸통 반으로 뚝 잘리는 날
부끄러움 절단된 채
속살 속의 속살 드러내며
환하게 웃어 버렸다

영혼이 싹틀 때 와닿은 푸르고
싱그러웠던 몸이 저림으로 변색되어
내홍처럼 붉어지는 내 얼굴
아직도 뜨거움은 내 가슴에서 뛴다

내 몸 켜켜이 붉게 물들어 가면
옛사랑과 그리움도 뒤범벅되어
알싸한 마음 미몽에 잠긴다
쉼 없이 닥치는 쓰라림 밀치어 내면서

고개 내민 지난날들이 아쉬움으로 남아
멍울진 잔상으로 퍼덕이지만
이미 숨죽어 덧칠한 얼굴
형형색색의 양념들과 몸을 맞대고
더욱 붉어지는 이 하루

창포꽃이 필 때쯤

내 몸은 물에 젖어 있어서
나지막한 얼굴에도 나른한 햇살이
작은 걸음으로 걸어 오는데
어깨너머 찰랑대는 물결이
옷소매를 흔든다

지나간 날에도 가슴 부푼 일들은
한철 그리움에 뜨거워졌는데
가까이 다가선 그날은
청아하게 부풀어
마음의 문살마다 노란 등불을 내단다

뭇 바람이 스치고 간 그 자리에
물기 묻은 옛 모습 그 잎새에 새겨지고
빛바랜 햇살이 불어와도
수줍은 듯 아쉬운 듯 잔잔한 그 얼굴로
고요히 서 있다

기다림에 지친 시간들은
저만큼에서 휘어져 피어나고
자꾸만 스치는 상흔들은 일렁대는데
외로움에 지던
한 방울 눈물마저 꽃이 되어
한적한 이 늪가에 홀로 서 있다

담쟁이

돌아보면 내 삶은 언제나 절벽에 있었다
한 발만 헛딛어도 아득한 절망
세찬 비바람이 발길을 잡아끌 때도
나는 모진 마음으로 홀로 견뎠다

길고긴 낮밤 때로는 속절없이
손과 발이 뒤엉키며
마음은 늘 외로워 파랗게 외쳤지만
허허로운 공간만이 메아리 되어
작게나마 속삭여 주었다
살아간다는 건 그런 거라고

시간 달래며 마음을 달래가며
외줄을 타듯 고난의 담을 넘으며
그대에게 가고 싶었지만
나는 너무 멀어 있어서 그대 이름 부를 수 없었다

별빛도 달빛도 차갑게 머물다 간 자리
무심결에 저 만큼 뒤돌아보니
내 등을 할퀴던 바람뿐
나는 아직도 절벽 위에 아득히 홀로 섰다.

이팝나무 미소

봄날에 눈이 내린 듯 낯익은 화려함
마음이 앞서가는 계절을 저만큼 돌아와서
시간의 향연은 새롭게 펼쳐 지지만
꽃들의 미소는 지난 약속처럼 하얗게 피어나
아득히 멀리서 손을 흔든다

또 한 번 시린 계절의 언덕을 넘어서
돌아온 눈부심
열병식 하듯 길게 시선을 멈추고
그 속에서 피어난 사연들이
이토록 마음의 창을 열어
숙연한 열정을 불태워간다

뒤돌아보면 어디선가 문득
나를 부르는 것 같아
서늘한 얼굴에 떠오르는
지난 시간의 발자국들
그리움은 그렇게 하얗게 오는 걸까

아직도 나뭇잎 서성이는 그 길에는
끝없이 펼쳐졌던 그날의 눈빛이
바람결에 하얀 미소로 일렁이고
한때 간절한 마음의 가지 끝에서
흔들리던 그 모습은
오늘도 먼 하늘에 긴 여운을 날린다

2

신호등 앞에서

서로 다른 길이 이어지는 교차점에서
순박한 기다림은 깜박이는 자세로
서로를 쳐다보며 익숙한 그 길로
분주한 마음을 먼저 내보내기도 한다

먼먼 그곳 미혹의 절정도
출발점은 여기라서
다급한 발걸음도 스스로 달래게 하며
미소를 열어주는 불빛

곧은 자세로 바라본 마음의 행로는
어둠을 녹여가며 바람길도 앞서가지만
빗나간 마음들은 갓길 언저리를 겉돌며
설익은 방향으로 내달려 간다

길이란 것은 가야 할 시간 앞에 있는 것이라서
선 자리를 잊기 위해 출발하는 것인지도 모르지만
갈라진 앞길을 하나로 묶으려 하면
모든 것은 알 수 없는 그 미로로 돌아와서
여운 속에 헤매게 될지도 모른다

바람의 이유

강 다리 위 저 깃발들
바람을 안고 춤을 추고 있다
헝클어진 시선 아랑곳없이
만남이 소중해서 일어서고
흔들리는 순간이 아쉬움으로 어깨를 스치면
춤사위가 저절로 허공에 불꽃이 되는 것은
계절마다 불어오는
바람길이 있기 때문일 거다

바람은 깃발을 통해 흔적을 남기려 한다
때로는 물 위에 그림을 그리면서
왜 불어오는지 어디로 가는지
알 수 없는 이정표는 허공에 나부낀 채

둘만의 인연은 누가 맺어준 것일까
서로는 서로를 붙들고 쉼 없는 나래를 펼치지만
지나간 자취는 없고 현실만 붙들고 몸을 사른다
사랑의 강약은 그들만의 약속인가

바람이 일렁이는 날 내 마음도 따라 흔들리고
깃발의 손짓에 가슴 설레면서
날아가는 생각 속엔 회한마저
허공으로 달려간다 말없이
아직도 그들의 속삭임은 저만큼
끊임없이 이어지는데

부케 한 다발

터질듯한 젊음이 축복 속에 안기면
미지의 날갯짓보다 두근거린 마음이 먼저 간다
융단의 길 위에 구름 밟고 가는 듯
아름다움이 쌓이고 펼쳐진 저 단상에

가늘게 흔들리는 것은
긴 기다림 끝에 오는 파문
향기마저 떨리다 멈추고 나면
짧은 거리 길었던 행진도
한 송이 꽃이 된다

긴긴날의 그 시간도 마음에 와서 싹이 트면
설렘도 두려움도 불빛처럼 발그레 웃고
눈에서 눈으로 던져지는 마음의 꽃다발
사랑은 사랑으로 번져간다

푸른 사연이 묶음 된 채
넘겨받은 사랑 때문에
축복받은 마음이 향기를 뿜고
꽃잎은 서로의 가슴에 파고든다

꽃무릇

한 잎 일렁이는 바람도 속살 드러내며
계절은 저만치서 나를 불렀지만
일어설 수 없었던 기나긴 시간
나는 하염없이 그대를 기다렸습니다.

뜨거웠던 진한 생각 가슴 저미는 슬픔
아직도 잊지 못하는 그리움 때문에
응어리진 마음 붉게 물들어
두터운 마음 파도 되어 일렁이며
눈물 어린 밤 뜬눈으로 지새웠습니다.

기다림 뒤에 오는 아픈 시련 알면서도
달려드는 상념들
차라리 숨결마저
저 바람에 멈춰 버리면 좋으련만

저만치 번잡한 그 마음도 잠잠해지고
시간의 옷자락이 쌓였다 간 자리
해와 달이 다 진 뒤에도
그대 향한 나의 마음이 아직 붉을 수 있다면
저녁 바람이 가고 오는 저 찬서리에도
나의 가슴 묻어 두겠습니다.

어탕 한 그릇에

장강에 물살 가르던 지느러미 하나
장작불 헤집고 들어와 국물 뽀얗게 저어놓고
입맛 속으로 사라진다
뭇사람의 숱한 이야기 나열하게 두고
뚝배기 뚝심에 숨어
유유히 헤엄치는 고기떼

온몸으로 부딪혀 살아온 물살 같은 세월도
지나고 보면 모두가 덧칠한 시간인데
속살을 발라내고 뼈까지 우려낸 뒤
숨죽여 돌아보면 함께한 면면이
짙은 맛에 어우러져 돌아온다

한 사발 뜨거운 국물 속에
번민과 자책이 수없이 자맥질하며
비늘처럼 겹겹이 외벽을 친다 해도
잊히지 않은 얼굴들
뼈 사리에 엉켜서
아련한 향연처럼 저 멀리 피어난다

한 그릇의 국물 속에 녹아내린
뜨거운 심정의 끈끈한 맛이
양념에 채색된 고기떼처럼
서로의 가슴 속에 은비늘로 출렁인다

까치, 설화의 아침

아름다운 운율의 노랫소리
가지 끝에 매달려 휘청거리고
봄바람 지나치다 말고 고개 내밀어
혹여나 하며 마음 서성이는 곳을 돌아본다

멀리서 들리는 미미한 소리 귓가에 머무르면
부풀어진 알 수 없는 기대감 파랗게 싹트고
가슴에 울려 퍼진 여운 때문에
하늘도 덩달아서 마음 쪽으로 불어온다

애써 다듬다 말고 지워버린 생각 속엔
기쁨도 반가움도 한순간 뒤섞인
뜬구름으로 변색되어
하루해도 설화가 되면

둥근 생각 감았다가 풀며
하늘엔 온통 오고 가는 바람 소리뿐
한때의 설렘은 지워진 음색처럼
쉬 아쉬움이 되는가
너와 나 뒤바뀐 마음도 기다림도
아침 한나절
분분한 꽃잎으로 날린다

허공에 걸린 모과

바람이 어루만지고 간 자리
잎새마저 시간의 채찍 견디지 못하고
온몸에 중량 비틀어 가며 몸부림 쳐보는
가지 끝에 눈부신 저 관능의 아우성

둥근 얼굴 약간 접어보면
단맛보다 쓴맛이 더 많은 것이 삶이듯이
펴 보고 싶은 심정 마음 두껍게 할 때
순정의 순간마저 이렇듯 주름져 보이는 것을

햇살 따갑게 등 뒤에 뒤척일 때
가슴은 슬픔처럼 깊게 익어가서
한 알 한 알 허공에 탄성의 팔매질을 하며
살포시 내민 연민마저 노랗게 익어가는 마음

아직은 더 부르고 싶은 시간의 얼굴들
아쉬움으로 허공에 띄워놓고
햇빛 속에 끝자락도 여운으로 남아
감추어 온 연민의 노란 속마음을 허공에 내민다.

콩

껍질이 터지는 아픔을 겪고
세상에 나왔지만
동그란 가슴속 각진 슬픔 간직한 채
둥근 마음으로 그대 앞에 서려합니다

속속들이 배어있는 수많은 사연
무언으로도 표현할 수 없지만
그 속에 그대 향한 작은 싹 하나
곱게 곱게 묻어 두렵니다

언젠가 고요를 밟으며 들리는
서럽고 아쉬운 그 한마디
따뜻한 그대 가슴에 가 닿는다면
내 다시 뜨겁게 그대를 사랑하리라

한철 깍지 속에서 안고 보듬어 온 사랑을
눈물 어린 마음 포개지 않고
온정의 낱알로 서로의 곁에 묻어 둔다면
밤이 지나고 다시 부는 바람에
세상은 다시 푸른 서로의 꿈이 되리라

뻐꾹새

여름 열기에 시들어버린 오후
일깨우고 흔들어 놓은 그 목소리
청아하고 고상한 절규 속엔
부끄러움도 서러움도 아리한 마음도
함께 녹아 늘어진 오후를 다그친다

울림이 클수록 마음이 더 공허해지기에
비좁아진 마음 스스로 놓아버린 탯줄
찾을 수 없는 피붙이기에
여름날이 한없이 서러워 이렇게 웁니다

내가 내 마음속에 들어가 불 밝혀도
찾을 수 없는 흔적
지워진 목소리 다시 들어도
방향 없이 떠나버린 메아리뿐
아련한 옛 기억 되새김해도
눈물마저 소낙비에 씻기워 집니다

울고 울어도 씻기지 않는 상처
새로운 슬픔 되어 쌓여만 갑니다
여름날이 지나 기억이 쇠진한다 해도
슬픔은 왔던 길로만 돌아가는 것이라서
마음에 흘린 눈물도 소리가 되어 웁니다

그 한철 딱새의 둥지

그대의 작은 눈 속에서 오던 아침
밤새 두려움에 거친 숨결 저만치 걸어두고
속살에 비친 마음 서로에게 보내며
나직이 소리내어 다독여 껴안은 채
허공에 꽃피운 세월 저기 어디였던가

둘만의 마음으로 틈바구니 겹겹이 둘러치고
혹한 속에서
희미한 그 체온마저 보듬고 또 보듬어
바람 앞에 함께 서던 그 긴 밤은
우리들의 사랑이었을까

애정이 새록새록 새싹처럼 번져나가
작은 공간에서 서로를 부르던 애절한 목소리
또 한차례 뒤바뀐 세상이 와도
둘만의 눈물 어린 상처였으리

날이 새면 어디론가 날아갔다 돌아오는 길목
아련한 그리움으로 휘감겨 소용돌이치고
날아간 사랑의 온기 가슴에 남아
어둑한 마음의 집 속에 그대가 있다

호숫가에 서면

수면을 스쳐가는 바람
잔잔한 마음에 파문을 일으키고
잃어버린 옛 생각 그 속에서 일렁이어
지난 일들 파랗게 그려오는데
제 그림자에 몸을 씻는 율동
촉촉한 상념들이 물속으로 걸어온다

벗어버린 알 수 없는 기억들 잔물결에 떠서
흘러가는 구름에도 시름겨워하지만
아직도 거기엔 지난 물때들이 켜켜이 쌓여
그때 그 모습으로 미소 지으며
풋풋한 추억의 옷을 걸친다

화사한 몸부림 부드러운 손길로
건져 올린 잔상의 흔적들 아무리 헹궈도
젊은 날의 짧은 모습 풀리지 않으며
언저리 물 섶에 맴돌 뿐이다

낯익은 햇살이 내려와 자맥질해도
불어난 아쉬움 수초처럼 흔들리고
오늘도 그리움은 제 자리에 서성이며
지워지지 않은 아련한 그림자
물속 아득히 거꾸로 자란
마음의 가지에 매달려 있다

정자항

산바람 달려와 멈추어 서면
하얀 앞치마 두른 푸른 물결 달려 나와
미역 같은 긴 추억들을 맞이한다

물소리 새소리 뒤섞여 뱃고동을 탈 때
커다란 기대감 속으로 배가 미끄러지고
바다를 껴안은 갈증이 그물 속으로 들어오면
초장집 손님들은 저마다의 잔을 든다

몸속으로 들어오는 가자미 미역국 같은 갯내
포근한 항구의 숨소리에 버무려져
향수처럼 묻어나고
고깃배를 껴안은 항구도 키를 낮추며
조용히 잠이 든다
밤하늘에 떠오른 불빛을 안고

밤과 낮을 건져 올린 수평선 저 끝

여울지듯 울먹이듯 파도가 부서지면

작은 가슴으로 밀려든 온정의 부표처럼

그리움이 물속으로 몸을 던진다

오늘도 그 바다엔

서쪽으로 가는 길

왔다가 가는 것은 정녕 바람뿐일까
시기가 열릴 때마다 모든 것은 왔다가
때가 되면 돌아가는 것을
공허함 쓰라리게 가슴 가득 안고
흔적의 여운 토닥이고 돌아보면서

지난 마당에 풀 한 포기가
이렇게 큰 여름일 줄이야.
한 사람의 풀꽃도
일 년 남짓 영근 한점으로 왔다가
생애의 애환을 담금질하다 말고
한 사나흘쯤 바람에 그네를 타다
흘러갈 뿐인가

일생이 하나의 날리는 가랑잎이 될 때
바람도 말이 없고
뭇 새도 울다가는 걸
그저 흔적 없는 아픔으로 메아리치며
슬픔은 눈물로 꽃이 되는가

노을 진 하늘엔 흘러온 구름 조각나 있고
단풍 든 산허리 펴지지 않는 것은
서쪽으로 가는 길 굽이쳐 있어
모두의 슬픔이 그쪽으로
흘러가기 때문일 것이다

3

그 밤 마음에 보름달

먼 길을 걸어와서 찬란한 얼굴
바다의 쟁반 위에 춤추듯 올라서서
출렁대는 물결이 씻어내리고
하늘의 눈높이에 머물러
우수수 울던 홍안의 여인

어디선가 함성에 불꽃으로 구워지고
꽂을대 끝에 매달려 익어가는 노른자
소원 성취 발원문 입에 물고 스스로 타들어
달집 속에 바람마저 불꽃이다

마음의 고요 속
어둠은 그달을 보듬어
서로의 속살을 들춰보지만
언제나 앞서가며 저만큼에서 빙그레 웃는다
낯익은 그 얼굴이 창백해지도록

떴다가 지는 것 아랑곳없이
불어오는 바람에 설렌 가슴도 깊이 다독여
환한 미소 뿌려가며 이토록 순박한 것은
그 품에 안긴 궂은 사연 곱게 곱게 옷고름 풀어 주며
황홀한 가슴 뜨거운 품속에서
이 밤은 깊어만 간다

매화꽃 서설

때 이른 바람결에 가슴 토닥이며
남몰래 찾아든 설렘 풀어 놓으면
어느새 향기 어린 숨을 내몰아 쉰다

겨울 가지에 엮어둔 어둠의 기억들
얇은 꽃잎 되어 펼쳐 놓을 때
추억은 또 다른 추억을 껴안은 채
어슴푸레한 강을 건너 넌지시 손짓한다

먼 산을 넘어 찾아온 여인의 미소
꽃이었는가 했는데 눈물이며
그리움이 꽃펴 내린 봄눈이었네요

올 듯 말 듯 알 수 없던 그 사랑이
이 계절 순정의 서설이 되어
차가운 얼굴로 전하는
뜨거운 그 마음의 역설

늦은 날의 민들레

해맑은 모습 마음에 들어와
때이른 봄날 아프게 물들어 가고
연한 잎새 흔들어 바람 되고 나니
잊혀지지 않은 옛모습 바람보다 앞서간다

미련 섞인 마음 옆으로 눕히면
지난 길가에 낯익은 얼굴 반기듯 다가오고
꽃피워 아름다운 생각 쌓였을 때도
나는 나의 이름 한번 제대로
불러보지 못했다

낮게 더 낮게
풀잎보다 더 낮게
먼발치 홀로서서 기다려온 순정

마음속에 들끓던 번민의 방언들은
수많은 홀씨에 실어서 저 멀리 날려 보내고
나는 죽는다
온 몸은 이렇게 풍화되어
제 자리에 선 채 하얗게 죽는다

개구리가 운다

달빛도 설핏한 후미진 곳
꾸르륵 꾸르륵 가슴 두드려
서로를 찾는 처연한 울음소리
세상 끝까지 마디마디 애절함이 가득하다

화답 없는 외침이 달빛마저 지우고
물에 잠긴 구름 사이로 언뜻 본 그 얼굴
사랑은 싹이 터 뜨거움으로 뒤엉키며

눈물인지 빗물인지 알 수 없는 어둠에 뒤섞여
뒤척이는 머나먼 이 밤
목청껏 외쳐댄다 사랑의 그리움을
가슴 적시는 물이 말라 눈물이 될 때까지

향기로움 지천에 나른하게 다가오고
바람결에 실려 온 간절함은
가슴 가득 물방울로 피어오른다
따사롭고 힘겨운 향연을
움츠렸다 다시 펴면
별빛 시린 이 밤도 그대 맘에 있을 텐데

제비, 먼 길의 사랑

허공을 수직으로 가르며
풋풋한 사랑 싹틀 때 우린
어느 처마 밑에서 서로의 손을 잡았다

희미해진 현실 말려가며
아득히 더 멀리 날다 보면
품고 온 남국의 사랑도 가슴에서 잠이 들었다

흩어진 시간 노란 입술 익혀내고
비좁아진 나날들 날개 속에 감추면서
하늘 속으로 치닫던 몽롱한 꿈도
까마득히 먼 지난 시간도
눈앞에 다가선다

산다는 것은 바다를 건너고 산을 넘어
날고 또 나는 것이라면
머나먼 사랑의 여정도 한 바닥
마음에 있는 것이 아니겠는가

폭염, 애증의 끝자락

증폭되는 열기로
빙하의 속살도 속절없이 녹아내리는 시간
더위는 에어컨 밑에서 윗옷을 벗고
아이는 분수대에 몸을 맡긴 채
햇살과 씨름한다

질긴 일광이 긴긴 여름날의 허기를 껴안은 채
그늘진 산비탈을 맴돌아도
과원의 수박들은 시뻘건 속마음을 드러내지 않는다.

아침나절 설설 기던 열기 고개 쳐들 땐
낮잠 자던 바람 부챗살에 등 떠밀려
억지로 한낮을 돌려보지만
뜨거움에 늘어진 시곗바늘
정해진 속도로 달릴 뿐이다

내 마음에 뭉게구름 스팀처럼 부풀어 오르고
매미 소리 서럽게 울어도
뜨거운 열기, 된더위도 한철 뜨거운 사랑이라서
맨살을 드러낸 채 가슴을 부대끼며
여름은 천천히 왔던 길을 돌아갈 뿐
마음은 바람에 흔들리지 않는다

싱싱하고 짙푸른 녹음, 그 애증의 절정마저도
한 시절 산자락을 돌아가는 길이거늘
빨리 가야 할 이유가 뭔가
가고 나면 그리워질 텐데

양파

속을 접고 접어 둥글게 만든 마음의 문
겉을 보고 알 수 없어
옷을 벗기고 또 벗긴다
이제는 그대의 진실을 보여달라

눈으로 봐도 알아볼 텐데
만져보고 의심해 보고
머리에 넣었다가 마음에도 넣어 보고
결론은 도마 위에서 승부를 걸어보지만
음서처럼 감추어진 그대의 비문
해독할 수가 없다

한 해 만에 이렇게 많은 몸의 비밀은
안으로 안으로 감추어 탱탱하게 긴장한
그대의 속살은 풀 수 없는
난해한 밀서와 같다

이제 보여달라

겹겹이 둘러싼 겉옷과 외장의 허울을 벗고

뜨겁게 감추어진

황홀한 알몸의 진실을 보여달라.

비 오는 날, 마음이 젖을 때

부슬부슬 오는 비에 낮잠이 내리고 있다
함석판 지붕은 또 왜 그리도 토닥이는지
스르르 눈 감기면 더욱 선명한 소리
한낮이 밤이 되어 돌아온다
흔들리는 얼굴도 휘날리는 추억도
빗줄기가 되어서 돌아본다

회색빛 하늘엔 은방울 연이어 맺히고
부침개 익어가는 내음엔 웃음소리 튀겨지며
한 잔의 진한 액체 넘어가는 소리 크게 들린다

낙수에 젖어 하루가 흔들흔들
우산 속으로 그림자 같은 옛 시간 함께 걸어와
그대의 환한 웃음 피워 내며
환상 같은 얼굴 하나 심어낸다
그 누구도 그려낼 수 없는 회한의 색상으로

추적추적 내리는 빗방울엔 그 옛 추억이
빗물처럼 서성이던 시간이 떠 간다
그냥 잔상이 흩날려 내릴 뿐인데
이리저리 분분하게 사선으로 직선으로
정처 없이 마음이 흩날린다

가을, 바람인 듯 노을인 듯

나뭇잎이 분분히 흩어지는 날
마음마저 흔들려 창밖으로 불어가면
푸르름이 진하게 배어 소소한 그날들이
하늘 멀리 바람을 탄다

가을 굽은 등을 보고 섰을 뿐인데도
바스락거린 생각들 때문에
쇠락한 산자락은 노을을 부르며
더 외로운 소리를 내고
지난 그림자들은 희미한 퇴로에 묻혀
멀리로 흘러간다

시린 생각 이토록 달래면
잊혀진 얼굴들이 섬광처럼 떠오르다 지워지고
몸부림처럼 흔들리는 지난 잔상들이
여운으로 와서 잔잔한 파동으로 남는다

저녁 하늘에도 길이 있어
가을 색이 짙게 변해 가는 것을
바람인 듯 노을인 듯
작별의 인사처럼

늙은 호박의 기도

야멸찬 꿈들 얽히고설킨 줄기 따라
끝없이 펼쳐지던 무성한 잎들
한 시절 찬란한 꿈이었을까
손발이 시들고 얼굴마저 퇴색되어
나는 여기 이렇게 누렇게 변한
한 덩이 지난 세월을 안고 여기에 섰다

뒤돌아보면 끝없는 설렘과 아쉬움의 낮밤
사랑하는 마음 하나로 서로를 보며
돌담 밑에 기대어 서서도 고왔던 얼굴들

허기진 사랑이 등짝에 달라붙어도
그대의 몸과 마음이 나의 온몸과
줄기줄기 엉켜 있어서 즐거웠던 시절
그때를 생각하며 나는 아직도 희미한 전율로
그대를 향한 마음으로 두 손 모은다

새싹으로 싹틀 때의 순결한 아픔
푸른 줄기로 넓은 공간에 쏟아놓던 그 아우성
가을 햇살 따사로움에 기도하던 간절함조차도
한 덩이 누런 내 가슴에 안고 먼 산을 본다

크레인이 있는 풍경

하늘 열린 큰길에 크레인 한 대 서 있다
짐 더미에 짓눌려 버둥대는 차량들
구원처럼 감아 들며 돌고 도는 일상

늘 하중에 맞서서 일어서야만 하는 반복이기에
저 너머 묶어둔 마음의 중량감
신호를 따라 들었다가 놓겠지만
팽팽한 줄에 매달린 일상은 얼마나 무거울까

미늘 없는 낚싯대로 시간을 들어 올렸던
태공의 마음도 그만한 무게였는지
가히 짐작하기 어려운 내 마음도 밧줄에 묶어
묵직한 공간 날줄로 당겨본다

잘게 잘게 쏟아내는 숨 가쁜 엔진소리
바람에 떠 가고
늘 힘에는 힘으로 맞서며 허공을 향해서
팽팽히 일어서는 저 물상도
내 마음의 중량만큼 무거운 걸까

동천강

수천 년 흘러온 발자취
모래알에 새겨두고
같은 애환 으깨며 만난 서로 다른 물의 몸
또 한 번 소리 없는 부대낌을 나누며
긴 여운 쏟아 내며 흐름을 만든다

갈림길에서 고뇌를 끓여내는 선택
방향은 언제나 괴롭고 외로운 것
그 언저리에 흐르는 마음을 담그고
조용한 미소도 씻기는 것을

속마음 우려낸 그곳엔
아득한 사랑이 흘러가고 숨겨진 추억마저 흘러가고
한 움큼 작은 흔적 휩쓸고 지나가면
가슴속으로 한줄기 더 낮은 물이 흘러 간다

돌아볼수록 지나온 자취 아련하지만
두 발은 언제나 물속에 젖어서 흘러왔던 것
굽이굽이 돌고 돌며 상처 난 마음도
내려놓지 못하고 품고 가는 그 길에
어느 날 문득 깨어
희미해진 내 사랑의 속살을 보게 될까

힘겨운 목마름 자주자주 내려놓으며
아직도 크나큰 그 줄기 가늠키 어려워
곳곳의 연정 물길 따라 모아만 간다

거울 앞에서

거울 속에는 길이 있다
지나온 세월 저만치 흘러간 길이 있다
달빛 고운 그 얼굴도 흘러가고
깊은 골짜기 겹겹이 돌고 돌아
외로웠던 길

봄날의 화사한 꽃잎에 반사되어
빛나던 그 얼굴도
먼 길 돌아와서 가을바람에
스산한 억새꽃이 되어

먼 산을 보는 풍경 하나가 있다
산다는 것의 애환이 스쳐 간
공간 그 너머에

나와 마주한 저 사람은 누구인가
어느 먼 길을 돌아와서 저기 저렇게
빛바랜 얼굴로 서 있는가
희미한 회억의 그림자 날리며
허허로운 시간에 손사래 치며

4

기다림은 푸르게 오는가

마음이 휘어져 보이지 않는 아지랑이 저쪽
아른아른 새날의 빗줄기가 올 것만 같은
그 언저리 빈 곳
비틀거리며 얼굴 내민 뒤척임

긴 밤의 침묵을 견뎌낸 어깨 위로
바람의 숨결도 자랄 것 같은
가슴 속에 묻어둔 설렘이 몸부림치다가
내 마음도 그쪽으로 불어갔건만

까치발 손짓으로 그 마음을 불러오고
산 너머 지워진 발자국조차 그려보는
안개 같은 밤에도
기다림은 소리 없이 싹을 틔워 저렇게 오는가

작은 그리움이지만 기지개 켜면

손끝에 와닿는 향기로움

파랗게 움트는 마음으로

오래된 미소조차 푸르게 푸르게 움튼다.

쥐에 대한 명상

평생을 기도 하는 마음으로 작게만 살아 왔는데
말할 수 없는 고통 인내하면서
발톱으로 할퀴고 물어 뜯어도
변하지 않는 냉기어린 시간
현실의 벽은 언제나 이렇게
철옹성이 되어 나를 막고 섰습니다

산다는 것은 어차피 먹을 것을 위한
피나는 고행이라지만
나의 낮과 밤은 운명처럼 늘
처절하게 배고픕니다

햇빛 찬란한 대낮에도 음습한 구석에 낮게 웅크려
뭇사람 시선 뒤에 내 몸 숨기며
약한 존재로 피어나 강하게 살려고
저쪽 어둠뿐인 세상의 끝으로 천천히 걸어가지만
막막한 길의 저편

버려진 습한 터전에서 흘린 숱한 눈물도
태생이 안겨준 싸한 시련이라면
춥고 허기진 광란의 하룻밤
산다는 이름으로 물고 뜯던 치열한 그 밤을
어찌 버릴 수 있겠는가

대숲에 서면

대숲에 서면
너는 아직도 푸르게 거기에 있다
계절은 벌써 가을의 끝자락에 서 있지만
눈으로 마음으로
함께 걸어간 길엔 아름다움도 많았다

멀리서 찬바람 달려와 휘돌아 가면
동행하던 그림자 보이지 않고
텅 빈 마디마다 쓰라림 담겨 휘어질 때도
꺾이지 않은 의지 하나로
청춘의 옷자락 날리며 걸어갔던 그 길

그대 마음 다시 대닢에 돌아와 나부끼면
길 잃은 새들도
아늑히 추억의 품속에 날아든다

바람처럼 그대는 가고
강물처럼 나도 흘러 흘러 여기에 왔지만
지난날 그 순정의 푸르름은
아직 이 강가에 머물러 먼 산을 향해 손을 흔들고
지나온 세월만큼 흐리고 공허한 마음에도
추억은 푸르고 곧게만 자라
찬바람 속에서도 저렇게
소리내어 나를 부른다

벚꽃 떠나고

축제의 끝은 이렇게 고요하다
애련의 순간마저 바람결에 날리어
저 멀리 아득하면
가슴에 떠도는 얼굴들
작별은 꽃잎보다 먼저 먼 길을 돌아서 간다

바람이 가고 꽃잎도 가고나면
아름다운 기억조차 가고 말겠지만
마음에 담아둔 그 애뜻한 사랑
몸속에 녹아 내려 그대에게 전해질까요

산천은 지척인데 마음은 천길 낭떠러지
슬픔은 기쁨보다 더 큰 그림자로 남는지
그늘진 얼굴에 텅 빈 호수가 보인다

시린 봄날 가만가만 꿈결인듯 왔다가

바람에 흩날린 만남의 상처

꽃잎은 이별보다 더 빨리 눈물이 된다

아침 욕실에서

면도날 세워든 손 움직이면
거품 속에 감춰진 세월이 흔들리고
돋아난 수염에 묻어난
쓸데없는 망상과 혼잡한 생각들
절단의 시간이다

그래도 마음 먼 곳
어제와 똑같은 잔상은 돋아나고
날마다 깎고 다듬어도
제 자리로 돌아오고 마는 오욕의 뿌리들
거울 속 어슴푸레한 얼굴 표정
말없이 사라질 때까지
나는 또 칼질한다

욕실 물안개 온몸 휘감고 돌듯
채워지지 않은 흔들린 생각
지난 시간 다 잘라내듯 비장해도
돌아서면 마음은 또 원점이다

지난밤 푸성귀처럼 솟구치다가 사라진
그 생각들조차 거품처럼
마음에 돌아와
아침에는 저렇게 서슬 퍼런 새 다짐의 칼을 맞는가

죽부인

나란히 누운 세 사람
서로 다른 잠을 청한다
영혼을 합한 두 사람
또 하나의 영혼을 만들어
혼미한 여름밤을 밤새도록 달랜다

두 사람 사이에 끼어든 새로운 영혼
누가 누구를 안고 잠들어도
서로는 서로를 밀치지 못하고
같은 아픔의 고통으로 이밤을 토닥이는데

사랑이 사랑을 미워할 때
저녁달도 마음에 서리를 품는다는데
서로는 어이하여 모른 척 눈감은 걸까

부인 넘어 또 부인이 있든지
양옆에 두 여인이 나란히 있든지
여름밤은 빈 달처럼 아랑곳없이
더위 등에 얹혀 만리성을 넘어간다

장어구이

뜨거운 불판 가운데 두고
오랜만에 만난 사람들
시간 재촉하여 내 몸을 달구어 내면
젓가락 사이로 살점 집힐 때마다
세상에 또 하나의 별은 진다

숯불에 열기를 더해 모두의 환성 만들고
속설에 힘입어 열기 더해가며
어수선한 저녁도 어둠을 따라 익어간다

마음에 비 그치고 항설 난무하는 가운데
뜨거움에 살신성인 몸을 던지면
붉어오는 마음
하늘 건너 저 배고픈 나라에도 또 하나 별이 지고
연기처럼 출출히
공복의 시간은 퍼져가리라

도마 위 칼을 맞고 양념장에 절여져
온몸을 뒹구며 노릇하게 익어 갈 때에
삶이 다 그런 거라고
아프게 되뇌여보지만
내일은 또 어느 나라에 가서
애처로운 마음에 별로 지게 될까

대파 거두며

늦가을 대파 수확기다
거친 흙 속에서 뿌리 거두다가
말없이 알몸 드러내는
한철 힘겹게 축적된 순백한 내면 마주하게 된다

성장의 마지막 과정은 육신이 더욱 희어지는 것
그 투박함 속에서도 오직
오직 한 마음으로 순수함을 지켜야 했으며
하늘과 땅의 이치가 합쳐지는 날
흙 털고 일어나 단장하고는
더 깊고 깊은 순백의 마음 간직해야 했다

파란 하늘 바람 속에 푸른 옷 입고 있어도
마음은 오직 하얗게 아래로 성장해
땅속에 한 겹 두 겹 갑옷을 입고
지조와 오기를 지켜야 했다

꼬지속 나란히 줄 서 있을 때도
국솥의 흥건한 맛을 위할 때도
사람들 곁을 지나칠 때마다
눈물겨워 반기는 것은
그 속에 멋과 맛이 용해되어 있기 때문

혼인날 에둘러 이야기 빼놓지 않는 것은
영롱하게 빛바래도록 익어갈 사랑 때문이며
세월의 흔적 묻어난 하얀 색상
황혼 녘에 더욱 빛날 은빛 향연

낙엽

비 내리던 날
길모퉁이 저쪽 돌아서는 그대
우수에 젖은 모습 서성이는 발걸음
희미하게 굽은 길의 저쪽
마음에 빗방울도 흘러가는 그곳

지난날의 생각들도 낙루하듯 슬퍼져서
눈먼 바람이 되겠지만
마음의 솜털마저 내려놓는다
정녕 떠나갈 길이라면

상처로 남는 추억도 지난날의 자취라며
빗물처럼 퇴색된 시간마저 어찌
눈물 젖어 돌아보는 그리움이 아닐까

비워진 그 자리에 다시 올 그 시간을 위하여
바람은 저리도 불고
비는 내리는데
나는 하염없이 그대 이름 부르며
상념의 옷자락 벗어 버린다.

노란 은행잎

천상의 어느 곳에서 불어온 바람
춤추듯 노란 은행잎 하나
낯설게 서러운 슬픔 살포시 껴안은 채
햇살이 머물다가 간 자리 위에 말없이 내려앉는다

켜켜이 물든 상흔이 쓰라림 되어
뼈끝에 와닿는 끝없는 회한들
미세한 흔들림에도 온몸으로 막으며
가냘픈 몸짓으로 불태워 왔다

한 철 푸른 생각 햇살에 바랠 때도
고통은 미풍에 날려 보내고
삶의 가지 사이로 먼 산이 보일 때마다
기다림에 가슴 떨어야 했다

바람이 스쳐 간 자리마다
분분한 지난 그림자 엮어두고
떨리는 마음 곳곳에
잔잔한 세월이 익고 삭아
황혼에 짙게 타는 황홀한 저 얼굴

감나무 가지 끝에

홍시 때문에
노을이 가지 끝에 매달려 더욱 붉어지고
이름 모를 새들이 감나무에
새로운 열매 맺을 때
결실의 넉넉함을 걸어놓은 농심이
너그러이 물려져 간다

쪽빛 마음이 하늘에 널리면
알알이 얼굴들이 주렁주렁 춤을 추다 말고
지난 사랑의 풋감 내음을 떠올려
생각의 된서리 그 곁을 스친다

봄날 그 나무의 아름다운 비상을
질펀하게 흙바닥에 깔아두고
모질게 불던 바람 잠재워가며
잔가지에 상처마저 온몸으로 매달아
깊이깊이 아프게 물들여 왔는데

아직도 그 먼 날의 풋풋한 꿈의 생감은
바람결에 이리저리 몸부림치다가
물들지 말아야 할 가지 끝을 넘어
망각 속의 그날들까지 일깨워 가며
마음이 익지 않은 내 모습을 이토록 다그치는가

호계장에 가서

오고 가는 사람들로 뒤섞여
호계 장날이 익어가는데
사람마다 안고 온 무게만큼 마음을 흥정하며
잔돈보다 더 짠한 정 때문에 손사래 친다

산다는 것에 간절임 된 하나같은 얼굴들
한낮의 햇살만큼 달구어진 좌판 위에 열기도
상기된 표정들에 갈증이 뒤엉켜
국밥집 목로주점으로 피어 든다.

눈길은 자꾸만 정겨운 거리에 서성거리고
주고받은 너털웃음 애환의 하소연도
온정어린 옷자락에 파고드는데
철 지난 기억들은 어설픈 마음으로 풍물이 되어
등 뒤에서 서로를 부른다

만남을 익히기 위해 반죽이 된 하루
매대와 좌판 위에 얹어놓으면
짧은 해를 움켜쥔 길손의 마음도 굴비같이 엮이어
만나고 헤어지는 아쉬움도 생미역처럼 길게 드리워
진다

바람 속으로

그 어디선가 저편에서
겨울 하나 걸어 나와
나무 뒤를 돌아들면
옷 벗은 가지들
앙상한 속살 드러낸 채
침묵 속으로 먼 산 바라본다

풍성하고 풍만한 그때가 아픔이 되었는가?
자리하나 그냥 두고 미련 없이 떠난 발길
갈팡질팡 춤추듯 흔들리듯
떨어진 꿈들 사이로 내 몸 낮추며

바람이 이리저리 흔들어 댈 때
자리 연연하지 않아 마음 편하고
이 얼마 만인가 대지의 품이
내려오고 싶었지만 그때는 천 길 낭떠러지

바람에 떠밀려 걸어가 보기도 하고
회오리 속에 서글픔도 뒤섞이지만
작별의 징표 마냥 맞잡았던 손을 놓고
바람도 보내며 구름도 흘려보내며
외로운 마음에 발을 달고 걸어가는 퇴락한 육신들
노을 속으로
더 어두운 침묵 속으로

해설

■ 작품 해설

심경(心境)을 지나는 바람
- 이채우의 시작법

이형우(시인·문학평론가)

1. 편법(篇法)과 작제법(作題法)

 이채우 시집 『모든 그리움은 꽃으로 핀다』에는 총 4부 구성, 53편의 시가 실려 있다. 1부만 14편이고, 나머지는 모두 13편씩이다. 대부분 4연이다.(47편). 5연시가 4편(「천년을 건너온 엷은 미소」, 「폭염, 애증의 끝자락」, 「동천강」, 「대파를 거두며」), 6연시가 1편(「고목 어느 날」), 7연시가 1편(「참호 같은 마음에 별이 뜰 때」)이다. 각 연의 길이는 3행에서 9행(「마음, 바람 부는 날」)까지다. 시 얼개를 만드는 방식[篇法]을 종합하면, 이채우는 4연 구성, 각 연 4-6행 배열을 즐긴다. 행 길이에 대한 특별한 전략은 보이지 않는다. 4연시는 기승전결을 중시하는 전통

시작법이다. 89%가 4연이라는 사실은 안정감을 중시한다는 의미를 지닌다. 이는 변화와 실험을 멀리한다는 뜻도 된다.

제목은 그 시집의 홀로그램이다. 차례만 제대로 읽어도 그 성격을 짐작할 수 있다. 『모든 그리움은 꽃으로 핀다』의 제목은 대부분 직접적이고 구체적이다. 길이는 1어절에서 6어절까지다. 1어절 11편(21%), 2어절 17편(32%), 3어절 16편(30%), 4어절 6편(11%), 5어절 1편, 6어절 2편(「참호 같은 마음에 별이 뜰 때」,「비 오는 날, 마음이 젖을 때」)이다. 이 중에서 제목이 동사로 끝나는 작품은 7편이다. 가다('가서' '떠나고') - 서다(서면2) - 오다(오는가)는 선상으로 펼쳐져 있다. 그 과정에서 '거두며' '우는' 행위 정도로 끝난다. 나머지(88%)는 모두 명사나 명사와 조사가 결합한 형태다.

명사는 그 범주를 분명하게 한다. 그것이 화두로 작용하여 영역을 강화한다. 시에서는 주제를 명증하게 하고, 사유를 심화하여 복합성과 상징성을 살린다. 제목의 시어도 대부분이 명사기에, 명사로 끝나는 제목도 자연스럽다. 그것이 이 시집의 성격과 직결되어 있다. 명사로 끝나는 제목 중에서 시간어로 끝나는 것이 10편(때4, 날3, 서설, 아침, 보름달), 공간어가 10편(길, 끝에, 끝자락, 둥지, 속으로, 앞에서2, 욕실에서, 동천강, 장자항)이다.

특히 제목 끝 어휘에 식물과 조류가 많다. 1어절 제목인 「군무」, 「담쟁이」, 「꽃무릇」, 「콩」, 「뻐꾹새」, 「양파」, 「낙엽」에 '모과, 목련, 은행잎, 꽃무릇, 민들레'까지 있다. 이런 구체적 어휘는, 연약하지만 끈질긴 생명체에 대한 애정이다. 분리와 인접 사이, 소멸과 기억 사이에서 부대끼는, 경계인에 대한 관심이다. 여기에 '금계국꽃, 매화꽃, 벚꽃, 대숲, 대파, 콩나물, 호박, 가을배추, 가지, 감나무, 고목, 둥지, 이팝나무, 제비, 개구리, 까치, 쥐' 등의 어휘도 제목 중간에 있다. 흙 묻히며 사는 존재들, 있지만 없는 것 같은 생명들에 대한 존중이다. 자연스레 서민성과 소외까지 논의의 장 속에 품는다. 이 모든 현상을 한 지점(순간)에 서서 조망한다. '기도, 이유, 명상, 미소(2회), 사랑, 눈물'이라는 어휘는 그런 정서의 내재화다. 시의 구조와 제목으로 보는 『모든 그리움은 꽃으로 핀다』는 자연(우주) 질서,

삶의 굴곡을 애정과 순리와 조화로 풀어낸 시집이다.

2. 중심어

① 마음

각 시 속의 중심어가 시안(詩眼)이다. 이 시집에는 시 전편을 흐르는 시안(詩眼)이 몇 있다. 그것이 마음, 속, 바람, 그리움, 눈물이다. '마음'은 이 시집에서 가장 많이 나온다.〔총 117회〕어느 페이지든 펼치면 보이고, 한 작품 안에서도 여럿이다. 마음은 감정, 기억, 사랑, 고통, 기다림 등을 은유화한다. 그래서 이 시집을 한 마디로 하면 '마음론'이다.

* 내 마음은 속절없이 어디론가 불어간다(「마음, 바람 부는 날」)
* 두터운 마음 파도 되어 일렁이며(「꽃무릇」)
* 빗나간 마음들은 갓길 언저리를 겉돌며(「신호등 앞에서」)
* 외로운 마음에 발을 달고 걸어가는(「바람 속으로」)

인용한 구절의 마음은 어디론가 불어가는〔날아가

는) 물질이다. 마음은 두께를 지닌다. 마음은 과녁을 향한 화살이다. 빗나가거나 적중한다. 마음은 '발을 달고' 다니니(걸어가니) 기계다. 마음은 이렇게 다양한 은유를 만든다. 마음은 모든 감정적 상황, 기억, 관계의 저수지다. 그것이 바람을 만나 파문을 일으킨다. '둥글게'도 퍼지고 '들끓'기도 한다. 마음은 그런 기승전결이 만드는 풍경화다. 그 속에 주체가 있다. 주체는 타자와 금긋기를 통해 자신을 증명한다. 외부 세계의 자극에 반응하고 내쳐하면서 존재감을 드러낸다. 그 성과는 상투성 극복 여부에 달렸다.

② 속

 '속'은 90회 이상 나온다. 속은 마음과 의미가 겹치기도 하고 어긋나기도 하면서 내면의 표지로 작동한다. '속에, 속의, 속을, 속마음, 속살, 속까지, 속에서, 속조차, 침묵 속, 고요 속, 눈물 속, 정적 속, 시간 속, 그림자 속' 등의 어휘처럼 외부와의 다양한 접속과 변용을 통해 심층적 토대를 다진다. 속은 은폐를 강화하고 심화하고 미화한다.

* 돌 속에 돌이 되어(「천년을 건너온 엷은 미소」)
* 서로의 가슴 속에 은비늘로 출렁인다(「어탕 한 그릇에」)
* 속을 접고 접어 둥글게 만든 마음의 문(「양파」)

　돌 속의 돌은 절대적 견고함이다. 차단된 시간과 응축된 시간이 상대적으로 흐른다. '은비늘로 출렁이'는 가슴은 바다(강)고 그 속은 바다의 심연이다. 속은 또 접을 수 있으니 물질이다. 접을 수도 둥글게 만들 수도 있으니 연체성, 점토성을 지녔다. 속이 물화(物化)되어 시간과 기억이라는 고기떼를 몰고 다닌다. 돌 속의 돌은 '과거가 축적된 정서'나 '삶의 잔상'이다. 현재의 확인이고 미래의 확신이다. 그 속에 부처가 산다. 또, 속은 '서로의 가슴'을 나눌 수 있는 통로다. 나아가 생명(활동)의 원천이다. "입속 가득 머금은 향기"(「바람에 선 목련」), "속살 속의 속살을 드러내며"(「가을배추, 화장하는 날」), "햇빛 속에 끝자락도 여운으로 남아"(「허공에 걸린 모과」) 우리 삶을 아름답게 비춰주는 거울이다. '속'은 내면화, 축적, 고통과 희락(喜樂)의 생멸, 생기가 이합집산하는 우주다.

③ **바람**

이 시집에서 가장 중요한 단어는 '바람'이다. 모두 74회 나온다. 바람은 '마음'과 '속'이 드러나는 현상이다. 마음과 속에서 충만해진 기류가 이동하는 현상이다. 바람은 '하릴없음'과 '할 일 있음'으로 드러난다. 여기서 바람은 '대세'다. "내 마음은 속절없이 어디론가 불어간다"(「마음, 바람 부는 날」)는 말처럼 어쩔 도리없이 큰 흐름에 몸을 맡겨야 하는 경우가 있다. 또, "내 마음도 그쪽으로 불어갔건만"(「기다림은 푸르게 오는가」)이라는 푸념처럼 그 흐름에 내 의지[동행]가 투영되는 경우도 있다.

다음으로, "바람결에 타들어 가는지"(「바람에 선 목련」)처럼 바람은 대상에 살기[공격성]를 부추긴다. 또 "바람이 어루만지고 간 자리"(「허공에 걸린 모과」)처럼 대상에 생기[생명성]를 불어넣기도 한다. 여기서의 바람은 가해와 피해, 위안과 치유다. 정서의 균형을 무너뜨리고, 고통을 떠올리게 하는 가해자가 되기도 하지만, 감각의 균열을 봉합하고, 미래를 열어주는 치료사도 된다. 그러다, "바람이 가고 꽃잎도 가고 나면 아름다운 기억조차

가고 말겠지만"(「벚꽃 떠나고」)처럼 절대적 가치가 되어 추억[기억]과 이별[소멸]의 근거도 된다.

* 바람이 일듯 알 수 없이 스쳐 가는 소리가… 불경 외우는 소리던가 (「고목 어느 날」)
* 그 산천을 슬픈 눈으로 불어가던 바람도 (「참호 같은 마음에 별이 뜰 때」)
* 뭇 바람이 스치고 간 그 자리에 (「창포꽃이 필 때쯤」)
* 바람결에 이리저리 몸부림치다가 (「감나무 가지 끝에」)
* 바람결에 흔들리며 또 한 번 곱게 곱게 먼 하늘 별들을 꿈꾼다 (「금계국꽃 너는」)
* 내 마음도 따라 흔들리고… 허공으로 달려간다 말없이(「바람의 이유」)

바람소리와 불경소리가 겹치고, 산하의 비극[아우성]과 바람 소리가 겹치는 현상은 총체적 시간이다. 영생을 비는 인간들의 소망은 어제도 그랬고 오늘도 그렇다. 당연히 내일은 안 봐도 안다. 역사(歷史)는 더 긍정적인 미래를 위한 기억이다. 바람은 염원(念願)과 비

애(悲哀) 사이에 놓인 길이다. 인간은 그 바람을 따라야 하는 운명론자다. 그 속에서 "바람에 떠밀려 걸어가 보기도 하고 회오리 속에 서글픔도 뒤섞"(「바람 속으로」)인다. 바람은 유행이나 추세다. 거기에 갈등이 동행한다. 이처럼 바람은 영육의 무게를 재어주고, 그 균형을 잡아준다.

④ 그리움, 눈물

* 그리움을 새겨가는(「바람에 선 목련」)
* 그리움은 그렇게 하얗게 오는 걸까(「이팝나무 미소」)
* 그리움이 물속으로 몸을 던진다(「정자항」)

이 시집 안팎을 흐르는 기류는 그리움이다. 그리움은 지난 시절, 끝난 사랑 등 상실을 전제로 한다. 그래서 결핍이다. 그러나, 여기서는 실존이고 확인이다. 새겨서 갈 수 있으니 글자고, 조각품[물질]이다. 또, 색상까지 지녔다. 바다가 그리워 몸을 던지니 물고기다. 이 밖에도 감각(따뜻한, 차가운), 형상(흔들리는 꽃, 바람 등)

을 지닌 목숨이다. 그래서 미학적 인간의 바탕이 된다.

* 눈물 어린 밤 뜬눈으로 지새웠습니다.(「꽃무릇」)
* 눈물인지 빗물인지 알 수 없는 어둠에 뒤섞여(「개구리가 운다」)
* 눈물 젖어 돌아보는 그리움이 아닐까(「낙엽」)

여기서의 눈물은 간절함이다. 말로 다 담을 수 없는 감정의 종착점이고, 말로 다 할 수 없는 내면 출발점이다. 눈물은 '울고 난 뒤'의 정화이고, '울 수밖에 없는' 숙명이다. 눈물은 자기 확인, 자기 정립, 자기 정화의 상징이고 타자 연민으로 가는 징검다리다. '전우, 고목, 아이, 어머니'가 주는 어감처럼 사회성, 동질성을 확인하는 수단이다. 눈물은 곧 동일시(同一視)다. 보편성을 획득하는 도구다. 생태계를 지키는 보루다.

3. 화자와 상상력

화자는 시를 구성하는 주체다. 그의 스케일에 걸맞는 상상력이 발동한다. 그것이 나로 귀착되느냐[개체적 화자], 가족이나 동아리 단위로 향하느냐[가족적 화자), 세상과 역사냐(사회적 화자), 우주를 향하느냐(우주적 화자)에 따라 시의 모양새가 달라진다. 『모든 그리움은 꽃으로 핀다』에는 개체적 화자가 34편(64%), 가족적 화자가 13편(24%), 사회적 화자가 4편(8%), 우주적 화자가 2편(4%)이다. 그러나 복합화자가 10편쯤 된다. 복합화자란 화자의 경계가 모호한 경우다. 화자 자신 이야기를 하면서 우주 이야기와 겹치는 경우가 5편이고, 나와 가족 이야기를 하면서 세상 이야기에 녹이는 경우도 5편이다. 이는 시인의 경륜과 안목 정도를 알게해 준다.

개체적 화자와 가족적 화자가 86%를 차지하는 분포는 자의식의 강도가 어떤지를 알려준다. 이런 담론은 화자의 기억, 지인들과의 추억, 살아온 세월들이 주를 이룬다. 화자는 "발톱으로 할퀴고 물어 뜯어도/변하지 않는 냉기어린 시간"(「쥐에 대한 명상」)을 지나, "불러도 돌아보지 않는 세월의 여울목을 지나서"(「마음, 바람 부는 날」) "한 덩이 누런 내 가슴 안고 먼 산을 본다."(「늙은 호박의 기도」) "시간의 옷자락이 쌓였다 간 자리"(「꽃무릇」), "돌아보면 내 삶은 언제나 절벽에 있었"

(「담쟁이」)다. "물들지 말아야 할 가지 끝을 넘"(「감나무 가지 끝에」)기도 했고, "음서처럼 감추어진 그대의 비문"(「양파」) 앞에 절망도 했다. 그래도 변함없는 사랑을 새기고 묻었다. 화자에게 길은 지금까지 왔고, "가야 할 시간 앞에 있는" 신호등이다.(「신호등 앞에서」) 그 길 위의 삶이란 "사람마다 안고 온 무게만큼 마음을 흥정하며"(「호계장에 가서」) 사는 일이다.

>하늘 열린 큰길에 크레인 한 대 서 있다
>짐 더미에 짓눌려 버둥대는 차량들
>구원처럼 감아 들며 돌고 도는 일상
>
>늘 하중에 맞서서 일어서야만 하는 반복이기에
>저 너머 묶어둔 마음의 중량감
>신호를 따라 들었다가 놓겠지만
>팽팽한 줄에 매달린 일상은 얼마나 무거울까
>
>미늘 없는 낚싯대로 시간을 들어 올렸던
>태공의 마음도 그만한 무게였는지

가히 짐작하기 어려운 내 마음도 밧줄에 묶어

묵직한 공간 날줄로 당겨본다

잘게 잘게 쏟아내는 숨 가쁜 엔진소리

바람에 떠 가고

늘 힘에는 힘으로 맞서며 허공을 향해서

팽팽히 일어서는 저 물상도

내 마음의 중량만큼 무거운 걸까

— 「크레인이 있는 풍경」 전문

이 시는 '중량'이라는 어휘 하나로 환원된다. '하중, 무게, 중량, 줄, 날줄, 힘, 팽팽히, 버티다, 묶다, 들어올리다' 등이 일관된 긴장을 조성한다. 이 시집에 실린 대부분의 시가 감정의 윤무(輪舞)를 즐기지만, 이 시만은 감정을 구조화하고 공간화하여 시적 묘미를 제대로 살렸다.

이 시는 크레인과 낚시대와 화자 마음의 무게를 대비한다. 그것을 수직과 수평이라는 상대성을 '팽팽히'로 드러낸다. 1연은 허공에 위압적으로 솟아 있는 크레인의 모습이다. 2연은 '팽팽한 줄에 매달린 일상'의 무게다. 3연은 그 줄로 유추한 강태공의 낚시대와 화자의 동일시다. 4연은 크레인과 태공과 화자를 종합한다. '엔진소리'는 팽팽한 낚시줄로, 그것이 '내 마음의 밧줄'로 병치된다. '늘 힘에는 힘으로 맞서며' 중력을 거스르는 힘, 삶이란 매일 그 무게 감당이다. 크레인에 화자를 투사한다. 기계인 저 물상도 '내 마음의 중량만큼 무거운 걸까'하고 되묻는다.

  크레인은 일상의 무게를 견뎌내는 화자이고 노동자들이다. '팽팽히'는 그 무게[억압]를 견디는 행위[고통/의지]다. 차량은 그 무게를 감당하지 못하는 군상을, 신호는 반복 연속인 기계적 일상이다. 크레인은 지지대와 붐(Boom), winch 시스템이 있다. 붐은 팔 역할을 해서 와이어로 들이고 낸다. 윈치 시스템은 와이어 로프를 감고 풀어 하중물을 상승 하강시킨다. 맨 아래에 호스팅 블록 갈고리가 있다. 미늘은 크레인의 갈고리 역할을 한다. 미늘 없는 낚싯대는 갈고리 없는 크레인과 같다. 대책, 방책 없는 상황이다. 미늘 없는 낚싯대는 바늘 없는 고기잡이다. 그걸 들어 올린 마음은 좋게 말하면 무욕이고 무념무상이다. 그것을 '태공의 마음'이라 하고, 잘 모르겠는 내 마음까지 동일 선상에 놓고 크레인과 대비한다. 엔진소리가 숨가쁜 공사 현장, 고된 노동자들의 숨소리가 갑자기 그림 속으로 들어 간 듯하다.

>장강에 물살 가르던 지느러미 하나
>
>장작불 헤집고 들어와 국물 뽀얗게 저어놓고
>
>입맛 속으로 사라신다
>
>뭇사람의 숱한 이야기 나열하게 두고
>
>뚝배기 뚝심에 숨어
>
>유유히 헤엄치는 고기떼
>
>―「어탕 한 그릇에」 1연

「크레인이 있는 풍경」이 현생이라면, 「어탕 한 그릇에」은 삼생(三生)이다. 화자는 덧칠한 시간을 살아 온 주체들이 "속살을 발라내고 뼈까지 우려낸 뒤/숨죽여 돌아보면 함께한 면면이/짙은 맛에 어우러져" 있음을 본다. 뜨거운 국물 한 사발을 통해 "번민과 자책이 수

없이 자맥질하며/비늘처럼 겹겹이 외벽을 친" 물고기들과 '뼈 사리에 엉켜' 있는 '잊히지 않은 얼굴들'을 떠올린다. 물고기의 삶이나 우리의 삶이나 궁극적으로는 누구에게 "한 그릇의 국물 속에 녹아내린/뜨거운 심정의 끈끈한 맛"이 되는 일이다. 그것으로 "양념에 채색된 고기떼처럼/서로의 가슴 속에 은비늘로 출렁"이게 하는 일이다.

물고기가 우리의 보양식이 되듯, 우리도 누군가에게, 이 우주에 그런 무엇이 되어야 한다. "뚝배기 뚝심에 숨어/유유히 헤엄치는 고기떼"여야 한다. 세상은 그런 뚝배기 하나 비운 주체들의 숨결이다.『장자』에는 그것을 일러 상취(相吹)라 한다. 공중에 떠 있는 아지랑이와 먼지는 모든 생명들이 서로 입김을 내뿜는 현상이라고. 서로의 입김을 내뿜는 일은 공존이다. 이 공존은 각자도생일 수도, 약육강식일 수도 있다. 상취(相吹)란 이 두 현상을 모두 포함한다. 우리가 '어탕 한 그릇' 먹는 일과 죽어 대자연 속으로 사라지는 일은 같다. 조화로움이란 그 질서에 따르는 일이다.

그러나, 누구에게 즐거움은 누구에겐 슬픔이다. 이

상대성을 잘 받아들여야 더 건강한 삶을 누릴 수 있다. 「어탕 한 그릇에」의 화자는 뚝배기를 장강으로 만든다. 그 속에서 '물살 가르던' '지느러미', '유유히 헤엄치는 고기떼'를 부른다. 그리고는 '장작불 헤집고 들어와 국물 뽀얗게 저어놓고/입맛 속으로 사라'지는 살신성인(殺身成仁)하는 군자로 만든다. 그 덕분에 '뭇사람의 숱한 이야기'가 상취(相吹)의 흔적으로 남는다. 뚝배기 한 그릇에 삼라만상이 공존한다. 어탕 한 그릇에 우주의 진리가 남겨 있다. 화자의 차원은 이렇게 세상을 달리 보여준다.

4. 시간과 공간

『금침시격(金針詩格)』(백거이)에는 시를 얻는 네가지 방식[시유사득(詩有四得)]과 시를 잃는 네 가지 방식[시유사실(詩有四失)]이 있다. 시는 기쁨에서 얻고, 분노에서 얻고, 슬픔에서 얻고, 즐거움에서 얻는다 한다. 그러나, 너무 기뻐하다 생각이 분방해서 망치고, 너무 화가 나서 생각이 조급해서 망치고, 너무 슬퍼서 생각이 상처 입어 망치고, 너무 즐거워서 생각이 방탕해서 망

친다고 했다. 시는 희로애락(喜怒哀樂)으로 흥하고 망한다는 말이다. 이를 극복하기 위해서는 '①가벼움과 무거움을 고루 나누라 ②감정이나 의도를 노골적으로 드러내지 말라 ③서사가 분명해야 한다. ④감정이나 주제가 한쪽으로 치우치지 말라'고 했다. 요약하면 시의 성패는 희로애락(喜怒哀樂) 다루기 나름이란 말이다. 이 희로애락(喜怒哀樂)이 바로 시간의 속성이다. 그렇다면 시는 시간성을 어떻게 살리느냐에 따라 달려 있다는 말이 된다. 시간[희로애락(喜怒哀樂)]은 공간에서 화자가 느끼는 기분이다. 그래서 빨리 가기도 하고 더디게 가기도 한다. 시간의 완급은 리듬이다. 시간을 잘 살린 시는 리듬감이 뛰어나다. 좋은 시가 그렇다.

『모든 그리움은 꽃으로 핀다』에 내재하는 희로애락(喜怒哀樂)의 비율은 대략 '4[7.3%] : 2[3.7%] : 39[74%] : 8[15%]'로 분포되어 있다. 슬픔이 이 시집을 압도적으로 지배한다. 슬픔도 격하게 나타나는 경우가 14편, 조용하게 드러나는 경우가 25편이다. 이는 시 한 편 속에 완급 시어 교차가 많음을 추측하게 한다. 이를 통해 화자가 갈등이 증폭되고 순화되는 과정을 목격하게 한다. 어휘의 시간성은 시각 청각 촉각 등으로 더 구체화 된다. 자연물 중심의 명사군들은 안정적이고 차분한 분위기를 자아낸다. 시집 몇 장만 넘기면 '속절없이', '쓸쓸이', '바로', '아득히', '꼭꼭', '곱게 곱게', '번민' '온정' '순정' '공막한' 등등의 어휘들을 쉽게 만날 수 있다. 오르내리는 감정의 기류가 선연히 보인다. 그래서 이 시집의 성패도 '슬픔'을 어떻게 처리했느냐에 있다.

『모든 그리움은 꽃으로 핀다』에서 화자가 직면하는 공간은 ①내면 우위 공간 18편(34%), ②사회 우위 공간 15편(28%), ③조화공간 13편(25%), ④대립공간 5편(9%), ⑤외부 절대 공간(우주 질서) 2편(4%)이다. 외부 절대 공간은 대자연의 질서에 무조건 따라야 하는 사물들의 질서다. 사회 우위 공간은 「참호 같은 마음에 별이 뜰 때」, 「신호등 앞에서」처럼 사회(역사)적 규범 속의 화자 모습에 나타나 있다. 내면 우위 공간은 화자의 의지에 따라 펼쳐지는 공간이다. 대립 공간은 갈등과 타협을 낳는 자리다.

이런 공간들은 ①그리움을 통한 내면 인식(「마음,

바람 부는 날」, 「꽃무릇」, 「기다림은 푸르게 오는가」] ②자연 친화를 통한 존재의미 강화[「바람에 선 목련」, 「금계국꽃 너는」, 「감나무 가지 끝에」] ③일상성의 각성을 통한 존재감 부각[「콩나물 국밥집」, 「양파」, 「장어구이」] ④역사적·사회적 기억을 통한 공동체의 유대감 강화[「참호 같은 마음에 별이 뜰 때」, 「호계장에 가서」, 「정자항」]를 이루려 한다.

　종합하면, 『모든 그리움은 꽃으로 핀다』에 나타나는 시간은 순환적이다. 겹치고 되돌아 오며 맴돈다. 사유가 깊어서 그렇고 애착이 많아서 그렇고 추억이 많아서 그렇다. 공간도 다양하게 나타난다. 자연 공간은 감정선의 변화와 여기에 안착하는 과정을 보여준다. 일상공간은 삶의 애환과 갈등과 해법을 모색한다. 경계 공간은 삶의 현장이다. 경계선을 넘나들어야 하는 매 순간의 취사선택을 초점화한다. 성소 공간은 '포성, 호국원, 산사, 석굴, 대숲' 등이 풍기는 분위기를 통해 열린 눈을 갖게 한다. 작게는 자아 성찰에서, 크게는 우주 각성에 이르게 한다.

5. 학시팔자(學詩八字)

『秋星閣詩話』[이기(李沂), 青]에는 시 공부 비결을 여덟 자로 압축한다. '많이 읽고, 많이 말하고, 많이 쓰고, 많이 고치라[多讀多講多作多改]'는 거다. 우리는 이미 구양수의 "三多" 즉 '간다(看多), 주다(做多), 상량다(商量多)'에 대해 많이 들었다. 다독(多讀) 다작(多作) 다상량(多商量)으로 알려진 말이다. 이기(李沂)는 이 말을 네 영역으로 나누었다. 그 중 '많이 말하기'[多講]를 제대로 이해해야 한다. 그것은 ①읽은 글을 자신의 언어로 설명하기다. "좋았다"가 아니라, 왜 좋았는지, 어디서 울림이 왔는지, 어떤 장치가 쓰였는지를 자기 언어로 말해보는 것이다. 이 과정에서 모호했던 감상은 명확해지고, 흐릿했던 관찰은 구체화된다. 또 말하기는 ②타인의 반응을 통해 감각 교정하기다. 말은 대화고 소통이다. 내가 본 시의 구조, 의미, 정서를 타인도 그렇게 느끼는가를 점검하는 중요한 작업이다. 이를 통해 과잉 감정, 비약, 설득력 미비 등을 찾을 수 있다. 자기 감수성을 교정하고, 공감 가능한 언어로 조율할 능력이 생긴다. 말하기는 ③시적 직관을 '분석적 언어'로 훈련하기다. 시를 쓴다는 건 감각과 언어의 정렬이다. 그런데 좋은 시를 쓰려면, "좋은 문장을 직감적으로 느끼는 힘"뿐 아니라 그 문장이 왜 좋은지 분석하고 분해할 수 있는 기술도 필요하다. 말하기를 통해 시적 직관을 인식으로 끌어올리라는 것이 다구(多講)의 핵심이다. 시를 잘 쓰고 싶다면, 먼저 시를 제대로 말할 수 있어야 한다. 다구(多講)가 없는 시작(詩作)은 자아도취에 빠질 위험이 크다. 『모든 그리움은 꽃으로 핀다』가 다구(多講)를 활성화하는 데 활용되는 시집이었음 좋겠다.